Marion Jana Goeritz

Wetterleuchten

Bibliografische Information der Deutschen Nationalbibliothek:

Die Deutsche Nationalbibliothek verzeichnet diese Publikation in der Deutschen Nationalbibliografie; detaillierte bibliografische Daten sind im Internet über http://dnb.dnb.de abrufbar.

© 2016 Marion Jana Goeritz

Coverbild: Marion Jana Goeritz

Herstellung und Verlag: BoD – Books on Demand, Norderstedt

ISBN: 978-3-7412-2740-0

Herzlich Willkommen liebe Leser,

manchmal tobt ein Gewitter hinter dem Horizont und in der Ferne sieht man ein Aufleuchten am Himmelszelt. Wetterleuchten.

Gefühle, sie gehören ins Leben.

Was wären wir auch ohne sie?

Manchmal sind diese Gefühle vielleicht auch wie Wetterleuchten.

Einer mag sie und sieht ihnen zu und ein Anderer versteckt sich, bis sie vorüber sind.

Ohne Licht kein Schatten.

Herzlichst

Marion Jana Goeritz

Graue Katzen
sie schleichen lautlos durch die Nacht
kein Schnurren ist zu hören
bis der Tag erwacht
alle Katzen sind bunte Tiger

Was ich weiß
Mensch sein möchte ich
dem Horizont glauben
wenn über ihm die Sonne
immer wieder aufgeht
nach dem Dunkel der Nacht

Fühltest du auch schon einmal
den Schmerz im Herzen
dachtest du auch schon einmal
der Sinn des Lebens
bleibt dir für immer verhüllt
waren deine Gedanken
auch schon einmal
bei denen da oben
hattest du dich auch schon einmal
so erschrocken
über dieses Gefühl der Tiefe
das dein Dunkel schwärzer sein lies
als die tiefste Nacht
und dein Licht sahest du leuchten
bis weit in den neuen Tag
fühltest du dich
da auch schon einmal so

wie neu geboren
und alles hätte seinen Sinn
die Freude in dir
war nicht mehr gefangen
du sprühtest vor Leidenschaft
und Menschen denen du
in dieser Zeit begegnet warst
freuten sich mit dir
fühltest du auch schon einmal so
wo bist du

Blicke im Augenblick
Augensterne funkeln die Nacht hell
tanzen im Kerzenschein
spielen mit Perlen im Haar
bis der Morgen erwacht

Leere Worte

mit ihnen kann man lesen lernen

verstehen jedoch

wird man nicht

es fehlt das Tun

Weltenbummler

sein zu Hause

seine Seele

sein Freund

sein Herz

seine Liebe

sie

Kornfeldblumen
wiegen sich zwischen Ähren
Sommersonne erzählt
vom Himmelblau
barfuss durch das Nass
der Wasserspiele
bis die Sonne am Morgen
wieder ihre Geschichten erzählt

Die Schreie der Kindheit

manchmal rufen sie noch in der Seele

dann ist es gut

er ist da

versteht und liebt

Kleine Lichter tanzen an der Wand

Sonnenlicht

schon eingetaucht in das Dunkle

doch die kleinen Lichter

brennen hinter Glas

flackern hell im Abendlicht

Im Fluss der Wiederkehr
finden sich Bilder des Verdrängens
sie werfen ihre Schatten auf das Licht
doch es wurde nicht viel dunkler

Ich streife meine Bilder von der Seele

lasse sie schwimmen

im Fluss des Lebens

halte mein Herz

im Seelenmantel warm

und gehe meinen Weg

auch ohne dich

Im Sternenzelt
ein Stern hell leuchtet
er blinkt in die Nacht
weit hinein ins Dunkel
manchmal
dachte ich schon
gut das es das Dunkel gibt
des Sternes Schönheit
wäre sonst verhüllt in kalte Tage

Verhüllter Schmerz
in der Seele
er rennt durch die Zeit
doch immer mit dir
bist du den Mut aufbringst
ihm deine Seelenstirn zu bieten

Einmal wirklich geliebt
und wohl doch verloren
in meiner Seele ein Tränenmeer
ich badete
meine Schmerzen in ihm hell
doch fühlte ich nicht
was ich will
es war

Wirbelnde Träume im Wind

Freude im Herzen

wie ein Kind

helles Seelenlicht für immer

Kann nicht schlafen
Gedanken erzählen
bis zum Morgen
Gefühle zu Besuch
doch Türen waren nicht mehr offen
waren längst gefallen in ein Schloss
das nun klemmt
keiner konnte wissen
was geschehen würde
fühlen
ja
fühlen konnte ich mich
aber ohne deine Haut
doch was soll ich fühlen
wenn nicht dich

War es ein Fehler
Gefühle zu Papier zu bringen
das Weiß
es verschwand
Leere füllte sich
im Herzensland

Liebst du
dann vergibst du
immer wieder
bis das Herz
den Mut aufbringt
und geht
es fühlt die Freiheit
die ihm dann doch gut tut
nach dem
„Du fehlst mir"
nach dem
„Ich lass mir nicht mehr weh tun"
bis alles wieder beginnt
im Nirgendwo
mit einem anderen Menschen
mit einem der liebt und vergibt
man braucht eben Mut

Lehne dich an

Mut

braucht einen Gegenpart

Vertrauen

Liest du

liest du im Netz

über die Liebe

wer wir sind

wie wir heißen

sie gaben uns Namen

doch

jeder nennt uns anders

ich habe es gelesen

bin trotzdem nicht schlauer

mein Gefühl

erzählt mir viel

sollte ich ihm glauben

Regen tanzt auf Pflastersteinen
singt seine eigene Melodie
ein Sonnenstrahl neugierig hell
stürzt sich auf ihn
beide sangen ein Lied

Züge

sie fahren in die Welt

stehe ich am Bahnsteig

fährt ein Teil von mir

mit ihnen in eine andere Welt

vielleicht

auch nur bis zum nächsten Ort

nur weg

mein Herz erwärmt sich

für ein Gefühl in mir

das ich schon einmal fühlte

nicht bis zum Ende

und heute

ich weiß es nicht

Züge

sie fahren noch in die Welt

doch ich stehe nicht am Bahnsteig

Sah dich auf der Straße
kam dir ein Stück entgegen
hatte nicht vergessen
wohl aber vergeben
es war nicht richtig
ich suchte bei dir
was ich glaubte
das wir uns geben könnten
ich verstand zu spät
deine Seele war verloren

Das Licht meiner Augen
es sah euch
mein Gefühl war offen
für all eure Fragen
nur eure Seelen
sie waren verschlossen
wolltet nicht sehen
nicht fragen
nicht verstehen

Vergessen

Bilder

die mein Herz zerrissen

Manchmal
fragte ich mich
für was würde ich sterben wollen
für deine Liebe

Schreibst du Briefe
auch an dich
schreibst du sie auch nachts
wenn du nicht einschlafen kannst
weil dir jemand fehlt
nicht weil du es glaubst
weil du schon weißt

In der Dunkelheit
am Fenster stehen
die Finger gleiten durch das Haar
als wenn sie uns sagen könnten
was wir zu tun hätten
dabei schauen wir zerzaust
in die Welt
Gedanken bleiben im Raum
und die Zeit vergeht
doch wir stehen am Fenster
möchten gern wissen
wie es anderen geht
wenn sie nicht einschlafen können
erfahren können wir es nicht
mitten in der Nacht
lassen wir es Tag werden
und wir werden sehen

wünsche
sie fielen in ein Fass ohne Boden
so blieben sie in der Welt
wer weiß
eines Tages
kommen sie vielleicht zurück
und ich frage mich
werde ich sie erkennen
das sie einst meine waren

Der Mensch
der mich über alles liebt
ich kenne seinen Namen
doch wo ist der Mensch
den ich über alles liebe
dem ich vergebe
aus tiefstem Herzen
und der mich auch so liebt

Wenn ich schweige
weine ich
Stille wird laut
mein Herz gebrochen
es scheint
es gibt kein Weg zurück
muss mich finden
meine Welt in Ordnung bringen
wenn ich schweige
weine ich

Fülle mein Leben
mit Herz und Seele
doch allein
schaffe ich es nicht
nicht ohne dich

Ich träumte mich
wurde wach
glücklich

Manchmal

kommen sie wieder

wiegen

auf den Schultern schwer

lassen

mich nicht ruhen

und meine Seele

schweigt nicht mehr still

ich sehe wieder Licht

manchmal

kamen sie schon wieder

Wahre Worte

entspringen dem Samen des Herzens

den die Seele sprießen lies

Ein wahres Wort nur genügt
mein Herz im Aufwind
mein Seelengarten erblüht
meine Gedanken ruhen
Gefühle leben

Die Schreie der Nacht

verhallen im Morgengrau

bis die Sonne

wieder den Horizont berührt

das Echo hallt im Seelenraum

bis ein Herz erwacht

um das es geht

Denke ich an dich
manchmal
früh am Morgen
mittags
wenn die Sonne am höchsten steht
beim Kaffee am Nachmittag
am Abend
beim zuvor ins Bett gehen
in der Nacht
wenn die Sterne nur erzählen
klopft mein Herz
meine Seele rappelt im Bauch
denke ich an dich
lächele ich
Freude erfüllt mein Herz
und du
weißt von alledem nichts

das macht mir zu schaffen
und schon wieder
denke ich an dich
manchmal
früh am Morgen
Mittags
wenn die Sonne am höchsten steht
beim Kaffee am Nachmittag
am Abend
beim zuvor ins Bett gehen
auch in der Nacht
und du weißt von alledem nichts

In mir ein Meer von Gefühlen
ich tauche nach dir
suche nach deinem Herzen
in einer warmen Strömung
einst
fühlte ich genau da Kälte
heute nicht

Ist es in dir dunkel
sieh in mein Herz
lass dich fallen
ich kann dich schon halten
bin doch auch schon groß
ist es hell in dir
sieh in mein Herz
fang mich im Sonnenschein
auch bei Regen
nimm mich an deine Hand
und wir sehen in unser Herz
damit es in mir nie dunkel wird

Braucht es der Worte viel
wenn ein Gefühl erklingt
wir sprechen so viel
über Krieg und Frieden
unsere Herzen erwärmen sich
doch halten sie aus
auch Kälte
wenn die Sonne ruht
ich glaube nicht
ich war schon einmal dort

Denke ich nach
dann denke ich
Gedanken wachsen über sich hinaus
Gefühle eingeschränkt
macht dass Sinn

Geduldig sein
wird zur Lebensaufgabe
wenn Fragen sich häufen
wie lange noch
wann
wie lange noch

Glaubst du
ich sehe dich
glaubst du
ich verstehe dich
ich glaube
du verstehst mich nicht

Meine Mutter sagte einmal
„Kind sag einem Dummen nie,
das er dumm ist.
Er wird gefährlich."
noch viel zu jung
verstand ich nicht
viele Jahre später
sagte ich einer Dummen
was es zu sagen gab
was meine Augen sahen
mein Herz erkannte
meine Seele fühlte
sie wurde nach dieser Begegnung
einen Moment gefährlich
warum
weil ich für sie gefährlich war
ich hatte verstanden

Siehst du mein Lächeln
Schminkfehler
Herz hat Wand aufgebaut
Seele eingekreist
du fehlst

Wenn das Ding mit der Liebe

so einfach ist

warum

suchen so viele Menschen noch

warum

sind so viele Herzen noch im Wind

doch nicht in ihrem zu Hause

Kennst du das noch
„Ich bin glücklich.
So wie es ist."
dabei ist man allein
fühlt sich verloren
Maskenbildner
ein Beruf den jeder kann

War stehen geblieben
Seelentor verschlossen
Seelenmantel hüllte Leben ein
doch
welches war es noch mal jetzt
irreführende Gedankengänge
führten mich in ein Land
ohne Namen
hatten mich begraben
unter einem Berg
von Erinnerungen

Wolken ziehen
manchmal
einsam am weiten Blau
Augenpaar schaut ihnen zu
fühlt die Tränen
die sie weinen werden
schließt seine Lider
und spürt den Regen auf der Haut
zu jeder Jahreszeit
Seelenschau
einen Moment lang

Meine Augen ertranken
in deinem Meer von Träumen
mein Herz erzählte
bis zum letzten Ton
der mich erreichte tief in der Seele
ich wachte auf
fühlte deine Haut
manchmal
lässt man am Besten
seine Augen ertrinken
und sein Herz erzählen

Auch
wenn ich vertraue
auch
wenn ich verstehen möchte
mein Gefühl stirbt neben dir
weil dein Herz
nur Kälte kennt

Gefühle wollen raus
Musik muss sein
Taschentücher auch
doch wenn du dann fragst
du kannst wohl nicht schlafen
ist alles zu spät
Gefühle wollen rein
Musik muss aus
Taschentücher bleiben liegen
bis ich wieder einmal
nicht schlafen kann
warum störtest du mich beim Weinen

Seelenball

im Fieber einer Nacht

lässt er fühlen

da ist etwas gefunden

was eine Geschichte hat

die erzählt werden möchte

nicht irgendwann

heute Nacht

Sollte es für immer sein
werden Tränen zu Perlen
sie glänzen im Seelenlicht
das in die Welt glitzert
wie tausend kleine Kerzenscheine

Dabei wollte ich nur wissen
was du fühltest
was dein Herz so schmerzt
wie deine Seele unter deiner Haut
erzählt
wie du lebst
plötzlich war alles außer Kontrolle

Meine Träume
sie sind noch nicht verblasst
nicht aufgebraucht
meine Liebe
sie ist noch nicht verstorben
nicht gelangweilt
meine Wünsche
sind noch nicht erloschen
nicht verloren
meine Fragen
sie sind noch da
nicht begraben
und ich weiß
das es dir auch so geht

Ich trage nun Brille

manchmal nur

nicht immer

dann

wenn ich nichts erkenne

weil meine Seele

zu viel erlebte

sah ich auch gern in die Ferne

lernte dort

sah mich wieder an

und erkannte

was ich falsch gemacht

jetzt sehe ich nicht nur besser

auch klarer

glaube ich

Suchtest du
wolltest du finden
diese tiefe Liebe
die deine Haut vibrieren lässt
die deine Seele aus der Tiefe holt
und versteht
die dich ausufern lässt
mit all deinen Gefühlen
mit deiner Angst vor Verlust
dich in Momente eintauchen lässt
in einen Rausch von Hoffnung
die dich den Morgen fühlen lassen
die ewig währen
um dann doch wieder den Zweifeln
die Hand zu reichen
bis der Schmerz
aus der Seele geschmolzen war

Auf dem Dach meiner Seele
tanzen kleine Herzen im Reigen
halten sie sich bei den Händen
lassen mich fühlen
es wird nie enden
warum nur
öffnete meine Seele
ihr Fenster noch nicht

Von Marion Jana Goeritz ebenfalls beim Verlag BoD erschienen (BoD Books on Demand, Norderstedt, nähere Informationen finden Sie unter www.BoD.de)

„Liebe für die Seele Band 1"
ISBN 978-3-7357-4045-8

„Liebe für die Seele Band 2"
ISBN 978-3-7357-7734-8

„Seelenweiß"
ISBN 978-3-7347-5769-3

„Seelen essen Liebe gern"
ISBN 978-3-7347-8706-5

„SeelenEngel" ein spiritueller Erfahrungsbericht
ISBN 978-3-7386-2588-2

„SeelenSchlüssel"
ISBH 978-3-7386-3844-8

„Seelenfarben"
ISBN 978-3-7386-3947-6

„Seelenschimmer"
ISBN 978-3-7386-4014-4

„Seelenfinden"
ISBN 978-3-7386-4037-3

„Ein Gefühl meiner Seele"
ISBN 978-3-7386-1506-7

„Seelenfrieden" Danken, Bitten, Entspannung
ein persönlicher Erfahrungsbericht
ISBN: 978-3-7386-4884-3

„Seelenweihnacht"
ISBN: 978-3-7386-5616-9

„Im Land unter dem Regenbogen" Wunderbare
Märchen und unglaubliche Geschichten
ISBN: 978-3-7392-0115-3

„Freddy und seine Geschichten"
ISBN: 978-3-7386-3321-4

„SeelenWorte"
ISBN: 978-3-7392-0455-0

„Herzanker"
ISBN: 978-3-7392-3482-3

„Im Fluss der Liebe"
ISBN: 978-3-7392-3489-2

„Seelenklänge"
ISBN: 978-3-7392-3532-5

„Liebeslied"
ISBN: 978-3-7392-3548-6

„Wahre Traumtänzerin"
ISBN: 978-3-7392-3556-1

„Emilia Sommerfeld"
ISBN: 978-3-7392-3787-9

„Für mich war es Liebe"
ISBN: 978-3-8423-5362-6

„Kaleidoskop"
ISBN: 978-3-8423-5738-9

„Die verzauberte Wiese"
ISBN: 978-3-7412-0772-3

„Seelenbrücke"
ISBN: 978-3-7412-0890-4

Weitere Informationen zu Neuerscheinungen
finden Sie immer auf meiner Seite

www.buchkaleidoskop.Reikipraxis-Goeritz.de